HISTOIRE

DES

ÆGILOPS HYBRIDES

PAR

D. A. GODRON

Docteur en médecine et docteur ès-sciences,
Doyen de la Faculté des Sciences de Nancy, Directeur du Jardin des Plantes,
Officier de la Légion d'Honneur,
Ancien Directeur de l'École de Médecine de Nancy,
Ancien Recteur à Montpellier et à Besançon.

NANCY

SORDOILLET ET FILS, IMPRIMEURS DE L'ACADÉMIE

RUE DU FAUBOURG STANISLAS, 3

1870

HISTOIRE

DES

ÆGILOPS HYBRIDES

PAR

D. A. GODRON

Docteur en médecine et docteur ès-sciences,
Doyen de la Faculté des Sciences de Nancy, Directeur du Jardin des Plantes,
Officier de la Légion d'Honneur,
Ancien Directeur de l'Ecole de Médecine de Nancy,
Ancien Recteur à Montpellier et à Besançon.

NANCY

SORDOILLET ET FILS, IMPRIMEURS DE L'ACADÉMIE

RUE DU FAUBOURG STANISLAS, 3

1870

(Lu à la séance de l'Académie de Stanislas, le 16 juillet 1869.)

Nancy, imprimerie Sordoillet et fils, rue du faubourg Stanislas, 5.

HISTOIRE

DES

ÆGILOPS HYBRIDES.

La publication faite par Dunal des observations (1) d'Esprit Fabre, horticulteur à Agde, sur la transformation des *Ægilops* en *Triticum* et, qui plus est, sur l'origine du blé, eut pour résultat immédiat de réveiller une des questions les plus importantes qui ont divisé, depuis longtemps, les naturalistes en deux écoles. La première, l'école positive, admet le principe de la fixité de l'espèce et a compté de nombreux partisans, parmi lesquels il faut citer G. Cuvier, de Blainville, Duvernoy, Flourens,

(1) F. Dunal, *Courte introduction au travail de M. Esprit Fabre, d'Agde, sur la métamorphose des Ægilops en Triticum* et Esprit Fabre, *Des Ægilops du Midi de la France et de leur transformation,* dans les *Mémoires de l'Académie des sciences et lettres de Montpellier,* pour l'année 1853.

Ant.-Laur. de Jussieu, Pyrame de Candolle, etc. (1).
La seconde, l'école philosophique, offre, à son tour,
parmi ses plus illustres partisans, Lamarck, Et.
Geoffroy-Saint-Hilaire et l'éminent zoologiste Darwin ; elle admet le principe de la variabilité des
espèces, leur transformation progressive et la for-
mation d'espèces nouvelles qui naissent successivement les unes des autres. Enfin, de nos jours, une
troisième école, celle de la variabilité limitée, a pris
naissance ; cette doctrine est celle d'Isid. Geoffroy-
Saint-Hilaire, de MM. de Quatrefages, Ern. Faivre,
de Lyon, etc.

On comprend dès lors combien les idées émises
par Esprit Fabre et Dunal sur la métamorphose des
Ægilops en blé, si cette transformation était démontrée réelle, devaient avoir d'importance pour la

(1) M. de Quatrefages (*Revue des cours scientifiques,* t. V,
1867-1868, pp. 497 et 500), me classe dans l'école positive et
me fait ainsi l'honneur de me placer en très bonne compagnie.
Je me rattache en effet à l'école de Cuvier en ce qui concerne
l'espèce *sauvage,* tout en admettant cependant que, dans les espèces actuelles, on observe des variations qui n'atteignent que
les caractères les plus superficiels et n'ont rien de constant.
Mais, en ce qui concerne les animaux domestiques et les plantes
cultivées, je reconnais qu'il y existe des variations nombreuses
et importantes ; j'admets, parmi ces êtres placés sous la domina-
tion immédiate de l'homme, des races, c'est-à-dire des *variétés
permanentes par hérédité,* tant qu'elles continuent à vivre dans
les mêmes conditions d'existence.

solution d'une des plus graves questions qui sont du domaine des sciences naturelles.

En ce qui me concerne, j'avais déjà, lorsque parut le travail d'Esprit Fabre et de Dunal, formulé mes convictions relativement à l'espèce, par la publication faite, en 1848, d'un mémoire intitulé : *De l'espèce et des races dans les êtres organisés de la période géologique actuelle* (1) et, en 1849, par celle d'un second travail qui a pour titre : *De l'espèce considérée dans les êtres organisés appartenant aux périodes géologiques qui ont précédé celle où nous vivons* (2). Ces deux mémoires ont été le canevas d'un ouvrage beaucoup plus étendu que j'ai publié dix ans plus tard (3) et où, conduit par de nouvelles recherches j'ai persisté, ou à peu près, dans les mêmes doctrines.

J'avais donc, dans cette question, un intérêt pour ainsi dire personnel à examiner avec soin les faits sur lesquels Esprit Fabre et Dunal ont appuyé leurs conclusions relatives à la transformation des *Ægilops* en blé et à l'origine de cette céréale (4). Leurs conclusions renversaient toutes mes convictions an—

(1) *Mémoires de l'Académie de Stanislas* pour 1847, pp. 182-288.

(2) *Ibidem*, pour 1848, pp. 381-420.

(3) Godron, *De l'espèce et des races dans les êtres organisés et spécialement de l'unité de l'espèce humaine*; Nancy, 1859, 2 vol. in-8°.

(4) L'idée que l'*Ægilops ovata* est l'origine du blé, paraît

térieures ; cependant je dois tout d'abord avouer que les faits, si on en excepte quelques détails, sont réels, mais les conclusions qu'on en a déduites, sont néanmoins inadmissibles, comme je l'établirai dans ce travail, en démontrant que les transformations observées sont dues à l'hybridité.

Je m'occuperai d'abord de l'*Ægilops triticoïdes* et ensuite de l'*Ægilops speltæformis*. Mais je dois prévenir que je conserve le nom général d'*Ægilops triticoïdes* à toutes les formes hybrides de première génération, qui résultent de la fécondation des *Ægilops* par les diverses espèces ou races de blé, bien que ces hybrides diffèrent entre eux presque autant que les blés qui leur ont donné naissance. Ils ont, toutefois, des caractères communs, tels que l'épi articulé à sa base et caduc, les étamines dé-

---

être assez ancienne. Césalpin (*De plantis, lib.* iv, *cap.* 47, *p.* 178) nomme cette humble graminée *Triticum sylvestre*, sans indiquer toutefois d'une manière positive qu'il la considère comme ayant donné naissance au blé ; mais le nom dont il s'est servi pour désigner cette espèce semble l'indiquer. Les expériences de Latapie, rapportées par Bory de Saint-Vincent (*Dictionnaire classique d'histoire naturelle,* t. Ier, p. 122), conduisent aussi à cette idée que l'*Ægilops ovata* est susceptible d'une semblable transformation ; mais Latapie ne les a pas publiées lui-même et ne les a communiquées que verbalement à ses amis. Enfin, mon ami, le docteur Gaillardot m'a fait connaître que les Arabes de Syrie désignent cet *Ægilops* sous le nom de « Oum el ghamme, » c'est-à-dire *mère du blé.*

pourvues de pollen et ne sortant pas de la fleur,
tandis qu'il en est autrement dans les espèces d'*Æ-gilops* et dans les blés; enfin, ils présentent à la
glume et à la glumelle externes deux arêtes très-inégales, séparées par une dent lorsque le blé em-ployé est barbu, et, lorsqu'il est mutique, la glume
et la glumelle externes se terminent par trois dents
inégales et souvent apiculées. Je donne le nom gé-néral d'*Ægilops speltæformis* aux hybrides de se-conde génération, quel que soit leur type paternel;
ils sont plus élevés que les *Ægilops triticoïdes*; ils
conservent l'épi fragile à la base; la glume et la glu-melle externes n'ont plus qu'une arête et une dent,
ou deux dents inégales, suivant que le blé employé
à la seconde fécondation est barbu ou sans arêtes.

Ægilops triticoïdes *Req.* — C'est Requien qui le
premier paraît avoir distingué cette plante, dès 1821
près d'Avignon, puis de Nîmes en 1824. Il n'a
cessé, pendant de longues années, d'en envoyer des
échantillons à ses nombreux correspondants. Berto-loni, considérant cette plante comme une espèce
nouvelle, la décrivit, en 1833 (1), sous le nom que
Requien lui avait imposé.

Cette forme d'*Ægilops* provient bien certaine-ment de l'*Ægilops ovata L.;* Esprit Fabre avait cent
fois raison de l'affirmer. Il m'en a lui-même fourni

(1) *Bertolonii Flora italica; Bononiæ*, 1833, in-8°, t. Ier,
p. 512.

une preuve patente, en 1852, même avant la publication de son mémoire. Il m'a conduit sur le lieu où il a fait ses premières observations : c'est un espace inculte, à sol rocheux, situé très-près de la ville d'Agde et qui est entouré de tous côtés par une ceinture de vignes assez peu large, au delà de laquelle se trouvent des champs étendus que j'ai vus recouverts de ce blé à longues barbes (1), connu sous le nom de « saissette » d'Agde et de Béziers et que Gouan et Villars ont nommé *Touzelle* (2).

Nous y rencontrâmes plusieurs pieds d'*Ægilops*

(1) Il y a de cette plante deux races : l'une à longues barbes un peu fragiles, dont il est ici question, l'autre presque mutique. J'ai reçu de nouveau des graines de ces deux races, venant d'Agde, en 1867 et je les cultive.

(2) Le mot *Touselle* se trouve dans Rabelais ; c'est de touselle qu'un habitant de l'île des Papefigues semait son champ. La Fontaine, qui s'est amusé à rimer ce conte, a conservé ce mot sans s'inquiéter autrement de la chose. Il lui suffisait de l'avoir trouvé dans Rabelais ; il semble même se jouer de son ignorance à cet égard, en faisant dire au diable :

> « Mémoire n'ai d'aucun grain qui s'appelle
> « De cette sorte ; or, emplis-en ce lieu ;
> « Touselle, soit, Touselle de par Dieu ! »

On a trouvé dans les éditions de Rabelais annotées par Huet, évêque d'Avranches, que, dans le Bas-Languedoc, on appelle touselle un blé précoce. Rabelais, qui a étudié à Montpellier, qui a reçu dans cette ville le titre de docteur en médecine, devait connaître la signification du mot touselle (Th. Baudement, *Les Rabelais de Huet*, Paris, 1868, 1 vol. in-8°).

triticoïdes ; ils furent déterrés avec soin ; l'épi non désagrégé d'où cette forme végétale sortait, était parfaitement conservé dans ce terrain sec, de façon à pouvoir être facilement reconnu pour celui de l'*Ægilops ovata ;* on voyait des racines se faire jour entre les glumes des deux épillets inférieurs, d'où s'échappaient également de trois des fleurs des chaumes grêles et courts portant l'épi de l'*Ægilops ovata,* tandis que de la quatrième fleur sortait un pied à chaumes plus élevés, plus robustes, dont l'épi trois fois plus long et les barbes dressées rappelaient l'aspect du blé, d'où le nom d'*Ægilops triticoïdes.*

J'ai pu vérifier le même fait à mon retour à Montpellier, mais sur une autre forme d'*Ægilops triticoïdes* dont l'épi est presque dépourvu de barbes. J'ai même pu observer alors, mais une seule fois, que des quatre graines d'un épi d'*Ægilops ovata,* il sortait exclusivement des chaumes d'*Ægilops triticoïdes* à épis subimberbes, qui n'étaient plus mêlés d'*Ægilops ovata,* comme cela s'observe habituellement.

Il est donc démontré par ce fait que l'*Ægilops triticoïdes* procède de l'*Ægilops ovata.* Mais, faut-il en conclure que ce soit par voie de métamorphose, et que l'*Ægilops ovata* ait été, dans les observations précédentes, surpris en flagrant délit de transformation ? Est-ce à l'influence du sol et du climat qu'il faut attribuer la modification profonde qui sépare l'une de l'autre ces deux formes d'*Ægilops ?* On l'a dit (1). Mais comment admettre que le sol ou le climat puissent agir sur une ou deux graines d'un épi d'*Ægilops ovata*, sans avoir aucune influence sur les autres graines du même épi ? On sait, du reste, que l'*Ægilops ovata* est à Agde, comme à Montpellier, dans son climat natal et croît en abondance dans tous les lieux stériles de la région méditerranéenne et que l'*Ægilops triticoïdes* a été observé sur bien des points de cette région botanique si naturelle, quelle que soit la nature du sol. J'ajouterai que cette transformation se serait faite brusquement, contrairement à l'opinion de tous les auteurs qui admettent la variabilité de l'espèce.

Ces observations s'appliquent également à un autre *Ægilops* qui offre aussi quelquefois une modification analogue ; nous voulons parler de l'*Ægilops triaristata* qui présente aussi, quoique plus rarement, la forme *triticoïdes ;* mais cela s'explique : cette espèce est moins répandue que sa congénère ; elle a plus d'épillets et des étamines plus grosses et par conséquent plus fournies de pollen.

Ma visite à Agde et mes observations faites à Montpellier m'ont démontré que c'est dans les lieux incultes, au bord des champs de blé ou dans leur voisinage, plus rarement dans les champs de blé eux-mêmes, que se rencontre l'*Ægilops triticoïdes.*

---

(1) Esprit Fabre, *Des Ægilops du Midi de la France et de leur transformation,* p. 10.

Les échantillons que j'ai recueillis à Agde, par l'aspect de leurs épis, par leur couleur et leurs longues barbes, rappellent à l'œil le blé cultivé aux environs de cette ville. Ces analogies m'ont conduit à penser que le blé, au lieu d'avoir pour origine l'*Ægilops ovata* transformé en *Ægilops triticoïdes*, comme l'ont pensé Esprit Fabre et Dunal, pourrait bien être, au contraire, pour quelque chose dans la production de cette dernière plante. Mes observations faites à Montpellier vinrent immédiatement étayer cette déduction ; on y cultive fréquemment un blé sans barbes et, dans le voisinage de ce blé, on trouve une nouvelle forme d'*Ægilops triticoïdes*, dépourvue ou à peu près de ces organes. Cet *Ægilops* non-seulement varie, mais ses variations sont en rapport avec celles que présentent les blés cultivés dans chaque localité. On est donc naturellement conduit à penser que le blé n'est pas sans influence directe sur les variations de l'*Ægilops triticoïdes*.

D'une autre part, cet *Ægilops* est habituellement stérile ; il tient à la fois par ses caractères de l'*Ægilops ovata* et de la race ou espèce de blé qui croît à proximité ; il naît incontestablement de ce dernier *Ægilops* et la transformation est brusque. L'hybridité seule pouvait expliquer ce fait qui a si vivement piqué la curiosité des botanistes et je n'ai pas hésité à l'affirmer, dès 1854 (1). L'expérimentation directe

---

(1) Godron, *Quelques notes sur la flore de Montpellier.* Besançon, 1854, in-8°, p. 16.

devait conduire à une démonstration complète et, dans l'écrit que je viens de citer, j'annonçai qu'au mois de mai 1853, j'avais déjà opéré la fécondation des *Ægilops* par le pollen des *Triticum* (1). Ces premières tentatives me prouvèrent que l'opération n'est pas aussi difficile que je l'avais supposée ; les glumes et les glumelles sont encore molles pendant l'anthèse et je trouvai bientôt un procédé opératoire d'une exécution facile. Il consiste à saisir étroitement entre le doigt indicateur placé en dessous et le pouce placé en dessus, les barbes de la glumelle externe le plus près possible de leur origine, puis à prendre un point d'appui avec le doigt médius sur la base de l'épi, de manière à lui imprimer un léger mouvement de bascule. La fleur est ainsi largement ouverte et l'on distingue facilement les organes sexuels. Je dois prévenir toutefois que la glumelle externe entraîne quelquefois dans son mouvement la glumelle interne ; mais avec une petite pince à mors fins et longs, il est facile de l'écarter. Il est aisé avec le même instrument d'enlever les anthères, alors qu'elles ne sont pas encore ouvertes, mais presque mûres. Le lendemain, on introduit dans la fleur une anthère mûre de blé ou du pollen de cette céréale. On rapproche ensuite l'une de l'autre les enveloppes florales par une pression légère.

(1) Godron, *ibidem*, p. 17.

C'est à Montpellier que j'ai fait mes premiers essais de fécondation artificielle sur des *Ægilops ovata*, les 20 et 23 mai 1853. Le Jardin des Plantes de cette ville savante m'a fourni les blés nécessaires à cette opération ; j'ai dû prendre ceux qui figuraient, cette année-là, dans l'école de botanique. Ces premières expériences sont les suivantes :

1° Sur quatre épis d'*Ægilops ovata*, j'ai opéré l'enlèvement des étamines dans l'épillet inférieur et j'ai introduit dans ses deux fleurs le pollen d'un *Triticum vulgare barbatum*, mais différent du blé d'Agde par son épi moins lâche et complétement vert, au lieu d'être un peu glauque.

2° J'ai fécondé également le même jour deux fleurs sur chacun de deux épis d'*Ægilops triaristata* en introduisant dans ces fleurs des anthères du *Triticum durum barbatum*.

3° J'ai opéré la castration complète de quatre épis d'*Ægilops ovata*, en enlevant l'épillet supérieur qui le plus souvent ne renferme que des fleurs mâles. J'ai placé, dans chaque fleur, une anthère de *Triticum Spelta barbatum*.

Ayant quitté Montpellier au mois de septembre de la même année, j'ai transporté avec moi les épis mûrs que j'avais fécondés. Je les ai plantés en pots à Besançon, mon nouveau séjour, et j'ai installé ces plantes sur l'une des croisées de mon cabinet, ainsi complétement isolées de l'influence du blé. La Société d'émulation du Doubs, dont j'étais membre depuis plusieurs années, nomma une commission composée de botanistes, pour suivre le résultat de ces expériences et elle put constater les faits suivants : ma première expérience donna naissance à neuf épis d'*Ægilops triticoïdes* et à un assez grand nombre de chaumes d'*Ægilops ovata*. Dans la seconde une graine ne donna que l'*Ægilops triaristata*, l'autre a fourni trois épis d'*Ægilops triticoïdes*. La troisième a présenté vingt-deux épis d'un hybride nouveau et pas un seul représentant de la plante mère (1). Tous ces produits, que j'ai conservés en herbier, sont stériles et chacun d'eux porte le cachet du blé qui a fourni le pollen.

Des exemplaires de ces différents hybrides ont été envoyés à M. Adolphe Brongniart, qui les avait vus jeunes à Besançon et ce savant distingué, qui s'est occupé avec tant de succès de l'étude de la fécondation dans les végétaux, en les présentant à l'Académie des sciences, eut l'obligeance d'y faire un rapport verbal dans lequel il considéra comme démontrée la nature hybride de l'*Ægilops triticoïdes*.

Ces faits ne furent pas acceptés alors par tous les

(1) J'ai publié ces faits dans un mémoire intitulé : *De la fécondation naturelle et artificielle des Ægilops par les Triticum*, dans les *Mémoires de l'Académie de Stanislas* pour 1854, pp. 439-442 et dans les *Annales des sciences naturelles*, série 4, t. II, p. 215.

botanistes. Lindley, en Angleterre, malgré ces expériences, admit non-seulement les faits observés par
Esprit Fabre et Dunal, mais aussi les conclusions
que ces deux observateurs en avaient déduites ; il
déclare qu'il est désormais partisan de la variabilité
des espèces.; il y persistera, ajoute-t-il, jusqu'à ce
que j'aie fait connaître l'origine du blé. Mais, comme
l'a fait observer, avec beaucoup de raison, M. Assa
Gray, dans un journal américain (1), j'ai eu pour but,
non pas de découvrir l'origine du blé, mais celle
de l'*Ægilops triticoïdes*. De son côté, M. Jordan,
s'appuyant sur les principes de la métaphysique, qui
n'a rien à voir dans une question de physiologie ex-
périmentale, admet *a priori* que l'*Ægilops triticoïdes*,
en supposant qu'il provienne réellement de l'*Ægilops
ovata*, ne serait qu'une déformation stérile de cette
dernière espèce ; il jette des doutes sur les expériences que je viens de relater et qui me semblent
si concluantes (2). Il était cependant bien facile à
M. Jordan de les répéter. D'autres l'ont fait et les
résultats que j'ai obtenus ont été confirmés, en 1856
et en 1857, par MM. Regel en Allemagne, Vilmorin
et Groenland à Paris, Planchon à Montpellier. Il

(1) *The american Journal of Science and Arts*, sér. 2,
t. XXII, p. 134.

(2) Jordan, *Mémoire sur l'Ægilops triticoïdes;* Paris, 1856,
grand in-8°, p. 11.

n'est donc plus permis de mettre en doute la nature hybride de l'*Ægilops triticoïdes*.

Depuis 1855, j'ai répété souvent la fécondation artificielle de l'*Ægilops ovata* par différentes races ou espèces de blé, par exemple par le Poulard rouge, le blé Pétanielle noir, la Pétanielle blanche, le blé du Cap imberbe, le blé de mars barbu, le blé velu égyptien, tous faisant partie de la collection de blés de M. Vilmorin et envoyés par lui ; j'ai employé aussi comme fécondateurs le blé d'Agde, le blé de Noë, un blé velu imberbe et le blé d'automne imberbe, généralement cultivé en Lorraine. Toujours les produits hybrides ont rappelé par l'aspect de l'épi, par sa couleur, par son vestimentum et par la présence ou l'absence presque complète des barbes, l'épi du blé dont le pollen avait servi à la fécondation. Jusqu'à 1862, j'ai, l'année qui a suivi l'opération, isolé des blés les hybrides ainsi obtenus et qui avaient été semés à l'automne ; toujours les diverses formes d'*Ægilops triticoïdes* obtenues dans ces expériences se sont montrées stériles, et je n'en ai obtenu de graines qu'en soumettant ces hybrides de première génération à une seconde fécondation soit artificielle, soit naturelle, comme je l'exposerai plus loin.

Si le procédé opératoire que j'ai indiqué plus haut pour obtenir ces hybrides, est simple et d'une exécution facile, il en est un autre que j'ai expérimenté depuis 1860 et qui n'exige aucune opération délicate ; il permet bien mieux encore à ceux qui désirent observer ces hybrides, de satisfaire leur curiosité. C'est un procédé que je recommande surtout aux botanistes, peu nombreux du reste, qui nient encore *a priori* l'existence de ces hybrides ; il leur fournira l'occasion de revenir à des idées plus vraies sans se donner la moindre peine. Il suffit de répandre sur le sol, dans une plate-blande cultivée ou même non cultivée, des épis d'*Ægilops ovata* vers l'époque où ces épis se détachent naturellement de leur chaume, puis de semer en septembre un blé d'automne dans deux plates-bandes préalablement labourées et situées de chaque côté du petit champ d'*Ægilops ovata*. La floraison des deux plantes coïncidera au printemps suivant, d'autant mieux que, si la floraison du blé s'opère en quelques jours, celle de l'*Ægilops ovata*, à raison de ses chaumes latéraux qui se développent successivement, a une durée d'un mois au moins.

Je dis que l'on répand sur le sol des épis d'*Ægilops ovata* ; ils se planteront d'eux-mêmes et cette espèce persistera, pendant les années suivantes, dans la plate-bande qui lui aura été assignée. Elle formera indéfiniment, comme dans les campagnes du Midi, un gazon épais. Il n'y aura plus à s'occuper de ces *Ægilops ovata*, si ce n'est pour arracher les mauvaises herbes qui s'y mêleront ou pour les empêcher de s'étendre au delà des limites du terrain qu'ils doivent occuper. Je dis que les épis de cette plante se planteront d'eux-mêmes. J'ai observé et décrit déjà le mécanisme admirable par lequel se produit cet enfouissement de l'épi (1). Je crois utile de reproduire ici ces observations.

L'épi de l'*Ægilops ovata*, à l'époque de la maturité, se rompt à sa base, ne se désagrège pas et ne se divise pas en tronçons, comme la plupart des autres *Ægilops*; il se détache d'une seule pièce, sans abandonner ses graines qu'il retient entre ses balles indurées. Le renflement de ses deux épillets inférieurs qui seuls renferment des graines et la disposition de ses arêtes divergentes à angle droit, déterminent la position qu'il affecte en tombant. C'est sa base qui se dirige vers la terre ; elle est plus lourde que le reste de l'épi et l'espèce de parachute que lui forment ses arêtes contribue aussi à lui donner cette direction. Il est facile, du reste, en laissant tomber un épi d'*Ægilops ovata*, de vérifier que c'est la base qui frappe le sol. C'est elle qui s'introduit la première dans la terre cultivée ou dans le sol inculte parmi les chaumes desséchés de la génération précédente. L'élasticité des arêtes, les petites pointes ascendantes dont leurs bords et leur nervure dorsale sont armés, contribuent à maintenir l'épi dans une direction descendante, dès qu'une cause quelconque, l'impulsion du vent, par exemple, lui imprime un mouvement. Les barbelles de ses arêtes, en s'arc-

(1) Godron, *Quelques notes sur la flore de Montpellier*, Besançon, 1854, in-8°, p. 8.

boutant contre les herbes voisines ou contre la terre, empêchent tout déplacement en sens inverse et assurent au contraire l'effet de toute cause d'impulsion qui tend à enfoncer l'épi en terre. La forme conique de la base de l'épi et surtout la pointe indurée et conformée comme une gouge qui la termine, favorisent singulièrement son enfouissement.

Les mêmes faits se produisent également pour l'*Ægilops triaristata*, qui se propage aussi, même sans culture, au Jardin des Plantes de Nancy, comme dans les campagnes du Midi.

Les *Ægilops triticoïdes* sont stériles par eux-mêmes, ce qui s'explique facilement, puisque leurs anthères sont dépourvues de pollen. De plus, on observe que, contrairement à ce qui a lieu dans toutes les espèces de *Triticum* et d'*Ægilops*, les étamines ne sortent pas de la fleur au moment de l'anthèse, ce qui est l'indice de leur stérilité. Aussi, chaque fois que j'ai soustrait à l'influence du blé l'*Ægilops triticoïdes*, il s'est montré absolument stérile.

Les épis de cet hybride ne fleurissent pas tous en même temps, comme cela a lieu pour le blé, mais successivement comme dans l'*Ægilops ovata*, par suite du développement successif de leurs chaumes latéraux. Le nombre de ceux-ci varie dans l'*Ægilops triticoïdes* ; on en trouve rarement un seul, habituellement de six à dix ; mais, dans les étés chauds et dans un bon terrain, il s'en développe quelquefois un plus grand nombre. J'en ai compté jusqu'à soixante et onze sur un seul pied, en 1868.

Mon petit champ d'*Ægilops ovata* étant permanent et restant sans culture, je fais labourer, au contraire, chaque année, mes plates-bandes adjacentes et j'y sème du blé, dont on peut varier successivement l'espèce ou la race, comme je l'ai fait. J'ai, depuis 1866, établi aussi, dans mon jardin particulier, un pareil champ d'expériences, mais plus étendu. Or, tous les ans, dans l'un et l'autre jardin, j'ai le plaisir de voir sortir de terre un nombre plus ou moins grand de pieds d'*Ægilops triticoïdes*, qui se développent au milieu de mes *Ægilops ovata*.

En procédant de cette manière, les *Ægilops triticoïdes* spontanés se trouvent ainsi, à l'époque de la floraison, exposés à la chute du pollen du blé semé à côté d'eux, et l'influence de ce pollen est d'autant plus efficace pour opérer une seconde fécondation que leurs anthères propres, comme nous l'avons vu, sont stériles. Aussi, tous les ans, je rencontre des graines dans ces *Ægilops triticoïdes* refécondés ainsi spontanément ; mais tous les épis n'en présentent pas ; ceux des chaumes latéraux, qui n'arrivent à la floraison que tardivement, alors que le blé est déjà défleuri, n'en fournissent jamais, ce qui s'explique facilement.

La fécondation spontanée de l'*Ægilops ovata* par le blé est facilitée par la circonstance suivante : Lorsque l'anthèse se prépare dans la première de ces plantes, ses glumelles s'écartent naturellement l'une de l'autre, de façon à laisser entre elles un intervalle d'un millimètre environ, ce qui permet l'introduction facile du pollen étranger. Mais ce n'est pas seulement lorsque l'*Ægilops* est immédiatement entouré de blé que la fécondation croisée s'opère ; elle peut aussi avoir lieu à distance, comme le prouvent les faits suivants. A l'automne de 1865, j'ai semé de chaque côté de mon petit champ d'*Ægilops ovata* trois races ou espèces de blé, parmi lesquelles figurait le blé dit Pétanielle noire. A 10 mètres de ces cultures, j'ai planté en *Ægilops ovata* un nouvel espace d'un mètre carré, pour m'assurer si, à cette distance, la fécondation spontanée par le blé serait possible. En 1866, les *Ægilops* de ce second petit champ fleurirent et se montrèrent purs de tout mélange ; je les laissai se replanter spontanément et, en 1867, j'observai au milieu d'eux un pied rameux d'*Ægilops triticoïdes* dont les barbes d'un noir violet à la base rappelaient, ainsi que la forme de l'épi, la Pétanielle noire. Le pollen de cette forme de blé avait donc, en 1866, été transporté à 10 mètres pour féconder une fleur d'*Ægilops ovata*.

A l'automne de 1866, j'avais semé une surface de 6 mètres carrés, moitié en blé égyptien (à épi velu et longuement barbu) et moitié en blé à épi velu et mutique ; ce semis était situé à 30 mètres de distance de mon nouveau petit champ d'*Ægilops ovata.* En 1868, je vis s'y développer trois pieds d'*Ægilops triticoïdes,* dont deux avaient leurs épis très-velus et barbus, et le troisième ses épis très-velus, mais mutiques. Je n'ai pas pu répéter ces expériences à une distance plus grande, l'espace me manquant pour cela. Je rappellerai que le lieu entouré d'une ceinture de vignes, où Esprit Fabre observait tous les ans des *Ægilops triticoïdes,* où il m'en a fait voir et en a déterré devant moi, est placé à une distance plus grande encore des blés, cultivés à perte de vue au delà de ces vignes.

Ne sait-on pas, du reste, que lorsque le pollen est abondant et qu'il est versé au dehors de la fleur, comme cela se produit dans les plantes monoïques et surtout dioïques, cette poudre légère est facilement transportée par le vent (1)? Il en est de même du pollen du blé : lorsque j'ai voulu, au lieu d'anthères mûres, employer directement le pollen de cette céréale pour mes fécondations artificielles, j'ai d'abord secoué les épis fleuris du blé au-dessus d'une feuille de papier étalée horizontalement: mais le pollen était enlevé par la plus légère agitation de l'air et même en partie avant qu'il eût touché le papier; mais on en obtient facilement, en secouant les épis dans un très-grand cornet de papier. C'est

(1) On sait que le pollen des pins et des sapins est souvent transporté à plusieurs lieues par un vent violent et produit ce que le peuple appelle des *pluies de soufre.*

surtout le matin par un temps calme qu'on s'en
procure en plus grande quantité ; c'est le moment
où les anthères sortent de leurs enveloppes florales
en grand nombre. On comprend qu'à Agde, où la
brise de mer agite tous les matins les épis du blé,
le pollen soit facilement et régulièrement transporté à une distance d'autant plus grande que la
brise est plus forte.

On sait que chaque fleur du blé renferme trois
longues anthères remplies de poussière fécondante.
Chacune d'elles, au moment de l'anthèse, insinue
successivement son sommet dans l'intervalle que
laissent entre elles les glumelles à leur partie supérieure ; ces anthères sortent verticalement et peu à
peu, elles s'ouvrent en dehors et de haut en bas au
fur et à mesure qu'elles dépassent les glumelles,
puis elles se renversent au dehors et se vident complétement. Il arrive qu'un peu de pollen s'introduit
quelquefois dans la fleur même d'où sort l'anthère,
mais la plus grande partie, sinon le tout, est répandu
au dehors sur les fleurs immédiatement inférieures,
si le temps est calme ; mais cette poussière si légère
et si *coulante* peut être facilement projetée sur les
épis plus ou moins éloignés si les blés sont agités
par le vent. Beaucoup d'agriculteurs pensent même
que le balancement des épis favorise la fécondation ;
cette observation est d'autant plus remarquable,
qu'elle a précédé les expériences de Charles Darwin
et de plusieurs autres botanistes qui, depuis les tra-

vaux du savant naturaliste, ont, comme lui, démontré pour plusieurs autres genres de plantes, que les
fécondations croisées dans une même espèce ren-
dent plus efficace l'action du pollen (1). La fécondation du blé est donc complétement assurée, et il
n'y a nul besoin, ce me semble, de faire usage
d'aucun procédé mécanique pour la rendre plus
complète et de vouloir ainsi réformer ce que le
Créateur a si admirablement disposé.

J'ai dit, plus haut, que les épis d'*Ægilops triticoïdes*
ne fleurissent pas en même temps, mais successivement, comme dans l'*Ægilops ovata*, par suite du
développement plus tardif de leurs chaumes latéraux. En 1868, quelques-uns de ces épis retarda-

(1) Que penser dès lors d'un travail récent de M. Bidard
(*Comptes rendus de l'Académie des sciences*, t. LXVIII, 1869,
p. 1486), dans lequel il assure que, dans les graminées, la fécondation est instantanée et s'opère *dans la fleur encore complétement close?* Il en conclut que l'hybridation naturelle est impossible dans cette famille. S'il veut bien répéter mes expériences
de fécondation spontanée de l'*Ægilops ovata* par les *Triticum*,
il devra faire au moins exception pour les hybrides qui en pro-
viennent. Mais, il est d'autres graminées qui, au moment de
l'anthèse, non-seulement entr'ouvrent, mais écartent leurs glumelles à angle droit et laissent pendre ainsi, au-dessous de la
fleur largement ouverte, leurs anthères encore complétement
closes, mais qui ne tardent pas à s'ouvrir et à verser leur pollen sur les fleurs placées plus bas qu'elles, ou, si l'air est agité,
à le projeter sur les fleurs des panicules voisines. Je me propose
de revenir sur cette question dans un travail spécial.

taires, après s'être développés normalement sous l'influence d'un temps très-chaud prolongé, me présentèrent, après quelques jours de pluie, une anomalie assez remarquable pour que je ne la passe pas sous silence. La vie sembla se réveiller dans quelques-uns ou même dans la plupart des épillets, leur axe s'est allongé et a produit de son sommet de nouvelles fleurs successivement plus petites, au nombre de trois jusqu'à onze pour chaque épillet.

Tels sont les résultats des expériences régulières que j'ai faites relativement à la fécondation artificielle ou spontanée des *Ægilops* par les *Triticum*. Il est donc démontré, ce que personne ne soupçonnait en 1853, que l'*Ægilops triticoïdes* est positivement une plante hybride.

L'*Ægilops ovata* étant facilement fécondé par les *Triticum*, il était intéressant de tenter l'expérience inverse, c'est-à-dire la fécondation du blé par l'*Ægilops*. Je l'ai essayé plusieurs fois, en enlevant, sur un épi de blé, les étamines de deux ou trois épillets et en les remplaçant par des anthères d'*Ægilops.* Cette opération est loin d'être aussi facile que dans l'expérience inverse ; les glumelles du blé résistent plus aux manœuvres et se déchirent souvent ; de plus, deux des étamines du blé sont d'abord placées dans les plis que la glumelle supérieure forme en repliant intérieurement ses bords et on ne les déloge pas sans quelques difficultés. D'une autre part, ce que nous avons dit de la fécondation naturelle du blé,

démontre qu'elle est si bien assurée qu'il est à peu
près impossible d'y soustraire les fleurs privées de
leurs étamines et le pollen propre doit l'emporter
sur le pollen étranger. Aussi ai-je obtenu de ces
premières tentatives des grains qui ont reproduit le
blé. Pour réussir, si toutefois cela est possible, il
faudrait, après avoir enlevé les étamines de plusieurs
épillets du blé, enlever tous les autres épillets du
même épi et isoler complétement la plante mutilée
de l'influence fécondante du blé. Je l'ai tenté deux
fois dans ces conditions et cela sans succès; les ca-
ryops ne se sont pas développés.

Ce ne serait pas, du reste, le seul fait connu d'hybrides obtenus par l'action du pollen d'une espèce
sur le pistil d'une espèce plus ou moins voisine,
sans que pour cela l'interversion dans le rôle des
parents soit nécessairement féconde.

ÆGILOPS SPELTÆFORMIS. *Jord.* — Esprit Fabre, en
1838, a recueilli près d'Agde, dans le lieu stérile
circonscrit par une ceinture de vignes où il m'a
conduit douze ans après, quelques graines sur l'*Ægilops triticoïdes;* il les a semées dans son jardin, situé
dans l'intérieur de la ville et entouré de murs, par
conséquent à l'abri de l'influence du blé. Il en a
obtenu une forme d'*Ægilops* plus développée, qui a
reçu depuis le nom d'*Ægilops speltæformis.* Il est
difficile de penser qu'Esprit Fabre, dont le talent
d'observation est connu par ses précédents travaux,
ait recueilli ces graines sur une autre plante que

l'*Ægilops triticoïdes* qu'il connaissait bien et qu'il ait. confondu avec ce dernier, comme on l'a avancé, le végétal nouveau dont il est ici question. Il note, dès la première année de sa culture, la taille deux ou trois fois plus élevée de cette plante, ses épis plus longs, plus gros, plus fournis d'épillets; il indique que la glume externe est moins striée, qu'elle ne présente que deux barbes, dont l'une plus courte ou rudimentaire (1). Il y a vu, non-seulement une transformation se rapprochant davantage du blé cultivé à Agde et par conséquent une forme différente de l'*Ægilops triticoïdes*, mais il croit positivement à la métamorphose de cet *Ægilops* en blé et il en conclut même que le blé a pour origine l'*Ægilops ovata*. Un savant distingué, le professeur Dunal, qui a suivi les expériences d'Esprit Fabre, qui a eu sous les yeux et qui a étudié toutes les pièces du procès, n'a pas hésité à reconnaître la transformation de l'*Ægilops* en blé et à admettre dans la première de ces graminées l'origine de la seconde (2). Si l'on ne peut, aujourd'hui que la question est mieux connue,

____

(1) Esprit Fabre, *Des Ægilops du Midi de la France et de leur transformation,* dans les *Mémoires de l'Académie des sciences et lettres de Montpellier,* pour 1853 ; tiré à part, p. 11 et 12.

(2) Dunal, *Courte introduction au travail de M. Esprit Fabre, d'Agde* et Esprit Fabre, *Des Ægilops du Midi de la France et de leur transformation,* dans les *Mémoires de l'Académie des sciences et lettres de Montpellier,* pour 1853.

justifier cette manière de voir, on peut du moins expliquer ce qui a pu conduire Esprit Fabre et Dunal à l'admettre. L'*Ægilops speltæformis* d'Agde, tel qu'il s'est propagé jusqu'aujourd'hui (1869), diffère du blé par des caractères positifs; la rupture naturelle de l'épi à sa base, au moment de la maturité des grains, suffirait à elle seule pour l'en distinguer. Mais, un fait qui a trop peu fixé l'attention, qui n'a pas été suffisamment étudié au moment où il a été observé pour la première fois par Esprit Fabre, en 1852, c'est qu'il a recueilli dans ses cultures d'*Ægilops speltæformis* des pieds dont l'épi mûr ne se rompait pas à la base; il en a adressé à Dunal d'assez nombreux échantillons réunis en une petite botte par une ficelle. Je les ai vus chez ce savant professeur, mais je ne les ai pas étudiés (1). M. Naudin les a vus comme moi à la même époque (2). Mais personne, à ce que je sache, n'a examiné si ces épis étaient fertiles. M. Groenland constata aussi, en 1860, sur une série d'*Ægilops speltæformis*, qui a une origine analogue à celle de la plante d'Esprit Fabre, et dont je parlerai plus loin, que sur douze pieds, dix furent très-fertiles et deux restèrent sté-

(1) Godron, *De l'Ægilops triticoïdes et de ses différentes formes*, dans les *Annales des sciences naturelles*, sér. 4, t. V, 1856, p. 87.

(2) Naudin, *Nouvelles Archives du Muséum*, tome Iᵉʳ, page 158.

riles en se rapprochant des caractères du blé (1).
Enfin, j'ai observé, plusieurs fois, à Nancy, dans
mes cultures, des pieds de l'*Ægilops speltæformis*,
ordinairement fécond, dont l'épi ne se rompait pas à
la base ou se détachait difficilement. Dans le but de
reproduire cette forme qui, au premier abord, semblait être un retour au blé, retour qu'on constate si
souvent dans les hybrides fertiles et qui n'avait rien
d'irrationnel, j'y cherchai des graines et je n'en
trouvai pas. De plus, j'ai constaté que ces épis absolument stériles ne diffèrent pas par leurs autres
caractères de l'*Ægilops speltæformis*. Il ne s'agissait
donc pas d'un véritable retour au blé, encore moins
au blé fertile. A part ces faits accidentels et assez
rares dans certaines années, plus fréquents dans
d'autres, l'*Ægilops speltæformis* d'Esprit Fabre s'est
propagé jusqu'aujourd'hui et cette année (1869),
j'en possède au Jardin des Plantes de Nancy, ainsi
que M. Durieu de Maisonneuve au Jardin de Bor-
deaux, la vingt-sixième génération. Il se montre
donc indéfiniment fertile dans les conditions où il a
été propagé jusqu'ici. J'ajouterai que ses étamines
ont leurs anthères pourvues de pollen et qu'elles
sortent de la fleur, au moment de l'anthèse, comme
dans les blés et dans l'*Ægilops ovata*.

Mes *Ægilops triticoïdes*, obtenus par la fécondation

(1) Groenland, *Bulletin de la Société botanique de France*,
t. VIII, 1861, p. 614.

artificielle et isolés de l'influence du blé, ne m'ayant pas donné de graines, je soupçonnais que l'*Ægilops speltæformis* pourrait bien être un hybride de seconde fécondation et que, pour le produire, il fallait féconder de nouveau l'*Ægilops triticoïdes* par le blé. J'avais, en 1856, fécondé des pieds d'*Ægilops ovata* par plusieurs races ou espèces de blé et notamment par le blé d'Agde à longues barbes. Mais m'attachant spécialement à l'*Ægilops triticoïdes* provenant de ce dernier blé, je le fécondai de nouveau avec succès, en 1857, par le pollen de ce même blé, dans l'espoir d'en obtenir un *Ægilops speltæformis* de tout point semblable à celui d'Esprit Fabre. Mes prévisions ne furent pas déçues et, en 1858, j'eus la satisfaction de constater que cet hybride de seconde fécondation, comparé sur le vif à celui d'Agde cultivé au jardin de Nancy, en présentait non-seulement l'aspect, mais tous les caractères, qu'il y avait identité entre ces deux végétaux. Comme celui d'Agde, le nouvel *Ægilops speltæformis* fut peu fertile la première année, mais très-fertile pendant les années suivantes (1).

Cet hybride fécond obtenu à Nancy par une double fécondation artificielle a été semé par moi tous les ans, et aujourd'hui (1869), il est arrivé à la dou-

______

(1) Godron, *Nouvelles expériences sur l'Ægilops triticoïdes*, dans les *Mémoires de l'Académie de Stanislas*, pour 1858, p. 53.

zième génération; c'est toujours la même plante que celle d'Esprit Fabre. Deux années après, dans les mêmes conditions, avec le même blé d'Agde, j'obtenais encore les premiers ancêtres d'une nouvelle série identique d'*Ægilops speltæformis* fertiles (1).

Un second fait vint bientôt servir de contrôle à ces expériences et à celles d'Esprit Fabre. Le 8 août 1857, J. Gay recevait du docteur Thévenau, de Béziers, un pied d'*Ægilops triticoïdes* recueilli sur le bord d'un champ à Baldy, près d'Agde, et de cet épi il put extraire une graine bien conformée. Celle-ci confiée à M. Groenland donna naissance à un *Ægilops speltæformis* peu fertile la première année, mais dont la fécondité s'accrut progressivement et, en 1861, tous les épillets fournissaient des graines. M. Groenland a rendu compte de ces résultats, dans la séance du 27 décembre 1861 de la Société botanique de France (2). J'ai pu voir, dans l'herbier de J. Gay, l'échantillon d'*Ægilops triticoïdes* recueilli près d'Agde et dont il est ici question; j'ai pu l'étudier avec soin et je n'y vois aucune différence avec ceux que j'ai recueillis moi-même, en compagnie

(1) Godron, *Des Hybrides végétaux considérés au point de vue de leur fécondité et de la perpétuité ou non perpétuité de leurs caractères*, dans les *Annales des Sciences naturelles*, 4ᵉ série, t. XIX, 1863, p. 163. — *Recherches expérimentales sur l'hybridité dans le règne végétal*, Nancy, in-8°, 1863, p. 68.

(2) Groenland, *Bulletin de la Société botanique de France*, t. VIII, 1861, pp. 612-614.

d'Esprit Fabré, en 1852, aux environs de cette ville. J'ai pu également examiner dans le même herbier les trois premières générations provenues de cette graine unique. C'est exactement l'*Ægilops speltæformis* d'Esprit Fabre.

Les observations dont la graine, trouvée à Baldy, près d'Agde, et semée à Paris, a été l'origine, viennent donc confirmer ce que celles de mes expériences, dont j'ai parlé jusqu'ici, avaient déjà mis hors de doute, savoir : l'origine hybride de l'*Ægilops speltæformis*, sa fécondité et la permanence de ses caractères. Si jamais un fait de physiologie végétale a été démontré, c'est sans contredit celui-là. J'avouerai toutefois qu'il faut que je sois bien convaincu de ce que j'avance, puisque ce fait semble au premier abord en opposition avec les idées que je professais, depuis bien des années, sur les caractères des plantes hybrides Aussi, ce fait inattendu, sans analogue dans les annales de la science, était de nature à m'étonner plus que personne ; j'ai dû me livrer à de nouvelles observations et rechercher si cet hybride se comporte en réalité, comme on l'a avancé, exactement à la manière d'une espèce, fait qui serait d'une haute gravité relativement à la théorie de l'hybridité et à la question fondamentale de l'espèce.

Mais il résulte, tout d'abord, des expériences d'Esprit Fabre, de celles de M. Groenland, dont nous venons de parler, et enfin des miennes, que dès la première année de culture, l'*Ægilops speltæ-formis* a été très-peu fertile, et la concordance parfaite de ces observations faites à Agde, à Nancy et à Paris, prouve que cette fécondité d'abord assez bornée n'est pas un fait accidentel. Or, chacun le sait, ce ne sont pas là les habitudes d'une espèce légitime. En second lieu, il est parfaitement connu que l'épi de l'*Ægilops speltæformis* se détache naturellement à sa maturité de la partie supérieure du chaume et tombe entier sur le sol. Ses graines sont étroitement serrées entres les balles indurées et s'y maintiennent; c'est même par un travail assez long qu'on peut les en détacher. Enfin cet épi ne se désarticule pas en tronçons comme ceux de tous les *Ægilops* à épi grêle et allongé. De plus, l'épi de l'*Æ-gilops speltæformis* ne possède pas non plus l'appareil si ingénieux que j'ai décrit et au moyen duquel les épis des *Ægilops ovata* et *triaristata* se plantent si facilement dans le sol. L'épi de l'*Ægilops speltæ-formis* après sa chute reste étendu sur le flanc et ses barbes, qui ne tardent pas à diverger, écartent ses graines du sol; elles ne germent pas. C'est en 1859 que j'observai par hasard ce fait dans une plantation de l'*Ægilops* d'Esprit Fabre, dont j'avais négligé de recueillir tous les épis et un grand nombre étaient restés sur le sol, qui ne fut cultivé qu'au printemps suivant. Mais, depuis cette époque jusqu'aujourd'hui (1869), j'ai continué sciemment l'expérience d'année en année et je l'ai même variée. J'ai deux fois répandu à l'automne, sur un sol fraîchement cultivé, des épis de cet *Ægilops*, et, sur ce terrain ainsi préparé et qui semblait faciliter la germination, je n'ai rien obtenu. Ces mêmes épis ayant été plantés par moi au mois de mai, l'embryon s'est réveillé et a bientôt poussé ses premières feuilles. Mais plantés trop tard ces jeunes pieds ont donné beaucoup de feuilles et ne sont pas montés en tige (1). Cependant j'ai observé une exception qui n'affaiblit pas le fait général et qui même le corrobore. Pendant un automne doux et très-pluvieux (1861), j'ai vu germer un certain nombre de grains de ces épis abandonnés sur le sol, mais leurs racines n'ont pu atteindre le sol ou n'y ont pénétré que superficiellement et les jeunes pieds étaient tous morts dès le premier printemps. Deux seulement de ces épis m'ont donné quelques pieds qui ont continué le cours de leur végétation, mais ils avaient été l'un et l'autre enfoncés dans le sol humide par la pression du talon de ma chaussure et la cavité où ils gisaient, avait été en partie comblée de terre par les pluies (2).

L'*Ægilops speltæformis* abandonné à lui-même ne

(1) J'ai fait connaître les premières expériences de ce genre dans un mémoire intitulé : *Nouveaux faits relatifs à l'histoire des Ægilops hybrides* dans les *Mémoires de l'Académie de Stanislas* pour l'année 1861, pp. 22 et 23.

(2) Godron, *ibidem*, p. 24, en note.

peut donc pas se propager ; il est destiné à disparaître après la première génération, si l'homme ne plante pas lui-même ses épis ou ne sème pas ses graines, à moins qu'un accident qui le couvre de terre ne lui vienne en aide. Cet *Ægilops* ne se comporte donc pas comme une véritable espèce, puisqu'il manque d'une qualité essentielle à tous les types spécifiques : il ne peut se propager par lui-même.

J'ajouterai qu'on n'a jusqu'ici trouvé, ni à Agde ni ailleurs, l'*Ægilops speltæformis* sauvage. On trouve les graines qui lui donnent naissance sur l'*Ægilops triticoïdes* spontané. Mais, comme l'épi de ce dernier n'abandonne pas ses graines quand il en a et que, bien différent en cela de l'*Ægilops ovata*, il ne se plante pas plus de lui-même que l'*Ægilops speltæformis*, on comprend pourquoi on ne rencontre pas l'*Ægilops speltæformis* spontané.

D'une autre part, ces faits, ainsi que les précédents, sont incompatibles avec l'opinion émise par M. Jordan, pour qui l'*Ægilops speltæformis* est une véritable espèce transportée accidentellement à Agde et vraisemblablement originaire d'Orient (1). Je n'ai donc plus à la discuter.

L'*Ægilops speltæformis* d'Esprit Fabre est donc toujours un hybride de seconde fécondation, un véritable quarteron du règne végétal, qui ne se pro-

____

(1) Jordan, *Mémoire sur l'Ægilops triticoïdes,* Lyon, 1856, gr. in-8°, p. 19.

page indéfiniment que par l'intervention de l'homme. Si cet *Ægilops* forme jusqu'ici une exception unique parmi les hybrides connus, on constate du moins qu'abandonné à lui-même il ne peut devenir la souche d'une forme végétale nouvelle et que cette exception rentre ainsi dans la loi qui régit les hybrides, tantôt ramenant ces végétaux à l'un ou à l'autre de leurs types générateurs, tantôt les conduisant par un moyen ou par un autre à une complète destruction.

Dans l'espérance de ramener entièrement l'*Ægilops speltæformis* d'Agde et de Nancy au blé fécond, j'ai tenté de féconder une troisième fois cet hybride par le pollen du blé d'Agde. A plusieurs reprises, j'ai procédé à cette opération, d'abord en me contentant d'enlever les étamines de quelques-uns des épillets d'un épi et en y substituant du pollen de ce blé. L'expérience n'a pas réussi; les fleurs ainsi fécondées ne m'ont pas toujours fourni des graines et, quand j'en ai obtenues, elles ont reproduit l'*Ægilops speltæformis* fécond sans modification aucune. Je m'explique facilement ce résultat par la considération que cet *Ægilops* est fécondé naturellement par le même mécanisme que le blé et que le pollen de ses fleurs supérieures a dû être versé sur celles que j'avais soumises à la castration. Pour me mettre à l'abri de cet inconvénient, j'ai, pendant deux années consécutives, conservé dans mon jardin particulier un seul pied et un seul épi de ce même *Ægi-*

lops; j'ai enlevé les étamines de deux épillets, en supprimant leur troisième fleur et aussi tous les autres épillets non encore arrivés au moment de l'anthèse. La première année, je n'ai rien obtenu; la seconde, j'ai recueilli une graine qui n'a pas germé. Les résultats sont donc jusqu'ici négatifs.

Mais ma tâche n'est pas terminée ; je ne puis passer sous silence d'autres expériences curieuses de M. Groenland, expériences que j'ai reprises après lui et qui m'ont donné des résultats semblables aux siens, mais dont, à mon sens, il n'a pas expliqué les causes, ni reconnu la signification. Ces nouveaux faits sont d'autant plus importants qu'ils semblent contradictoires avec les expériences de fécondations artificielles qui ont reproduit au Jardin de Nancy l'*Ægilops speltæformis* fertile et enfin avec les faits constatés par M. Groenland lui-même au sujet de cette graine recueillie sur un *Ægilops triticoïdes* d'Agde, que J. Gay lui a confiée et qui a fourni aussi des résultats identiques à ceux obtenus précédemment à Agde et à Nancy. Ces trois faits, qui se confirment l'un l'autre, donnent lieu à une observation importante : c'est que, pour chacun d'eux, l'*Ægilops speltæformis* fertile a été le résultat de la fécondation naturelle ou artificielle par le pollen du blé d'Agde et que ce produit rappelle l'aspect, la couleur et les autres caractères extérieurs de cette forme de blé.

Mais les expériences dont il me reste à parler, ont été faites dans d'autres conditions que les précédentes et ont donné des hybrides qui n'étaient pas indéfiniment fertiles.

Je ne puis mieux faire que de reproduire ici textuellement le passage dans lequel M. Groenland rend compte de ses expériences. « Au mois de « juillet 1855 (1), dit-il, j'ai commencé mes expé- « riences par la fécondation de 75 épillets appar- « tenant en partie à l'*Ægilops ovata*, en partie à « l'*Ægilops ventricosa*, au moyen du pollen de plu- « sieurs variétés de froment ; des graines ainsi fé- « condées, j'obtins sept plantes, dont une seule était « hybride (les autres avaient reproduit la plante « mère). Cette plante hybride, entièrement stérile, « était l'enfant d'un *Ægilops ovata* ; elle offrait les « caractères mixtes d'un *Ægilops* et d'un *Triticum*.

« Entre le 9 juin et le 3 juillet 1856, j'opérai la « fécondation de 352 fleurs d'*Ægilops ovata* et de « 148 fleurs d'*Ægilops ventricosa*. Je semai à l'au- « tomne, et j'obtins, en 1857, 140 plantes, parmi « lesquelles il n'y avait que 10 hybrides, les autres « étant toutes des *Ægilops ovata* ; la fécondation des « fleurs d'*Ægilops ventricosa* n'avait produit aucun « résultat. Parmi les 10 plantes hybrides, 2 avaient « pour père un blé sans barbes d'Abyssinie, 2 un « Engrain (*Trit. monococcum*), 2 autres un Epeautre « et un Poulard, et 3 un blé de Flandre. Je récoltai « sur ces plantes 40 graines, dont 25 levèrent. Parmi

(1) C'est-à-dire deux ans après mes premières expériences.

« ces plantes, ainsi obtenues en 1858, 15 appar-
« tenaient au blé de Flandre, 5 au Poulard, 4 au
« blé d'Abyssinie et 1 à l'Epeautre. Les descendants
« du Poulard et du blé de Flandre étaient les deux
« seuls qui, en 1859, me donnèrent encore chacun
« une plante, et, tandis que l'arrière-petit-enfant du
« blé de Flandre s'éteignit la même année, je pou-
« vais encore cette année récolter une seule graine,
« provenant de la troisième génération du Poulard ;
« mais en 1860, celle-ci aussi resta stérile.

« En résumé, on voit qu'après plusieurs géné-
« rations, les hybrides artificiels ont fini par s'é-
« teindre, et cela presque toujours en retournant
« au type du père, rarement en conservant leur
« forme hybride. Les résultats de cette série d'ex-
« périences sont donc purement négatifs » (1).

Je ferai observer tout d'abord que les expériences
dont il est ici question, n'ont pas été faites dans les
mêmes conditions que celles qui m'ont donné l'*Ægilops speltæformis* fertile et semblable à celui d'Esprit
Fabre. Elles en diffèrent sur deux points : 1° en ce
que M. Groenland n'a pas employé le pollen du blé
d'Agde, mais le pollen d'autres formes de blé ;
2° en ce qu'il n'a fait qu'une seule fécondation artificielle, tandis que j'ai fécondé d'abord l'*Ægilops
ovata*, puis de nouveau l'*Ægilops triticoïdes*, produit

(1) Groenland, *Bulletin de la Société botanique de France*,
t. VIII, 1861, p. 613.

de la première opération. En effet, comme l'a très-bien constaté M. Groenland lui-même, les formes hybrides obtenues varient suivant le blé qui a servi à la fécondation et dénotent toujours très-nettement l'influence paternelle, comme je l'avais observé dès mes premières expériences commencées à Montpellier. Il n'était donc pas possible, en procédant comme l'a fait M. Groenland, de reproduire exactement l'*Ægilops speltæformis* de Fabre. Nous expliquerons, en outre, par les considérations qui vont suivre, comment il a pu obtenir des graines fertiles des *Ægilops triticoïdes* nés à la suite d'une seule et unique fécondation artificielle.

J'ai vu et étudié, en 1862, dans l'herbier de J. Gay, des échantillons des divers produits hybrides obtenus par M. Groenland dans les expériences précédentes. Ces échantillons étiquetés de sa main portent des numéros d'ordre attachés à la plante et écrits sur une languette de parchemin. Ces numéros permettent de suivre facilement d'année en année la filiation de chacune de ces formes d'hybrides.

Il résulte de l'examen que j'ai fait de ces échantillons que ces produits de première fécondation (*Ægilops triticoïdes*) rappellent par la forme de l'épi, par sa couleur lorsqu'il a été recueilli avant sa parfaite maturité, enfin par la présence ou l'absence des barbes, la race ou l'espèce de blé qui a fourni le pollen, ce qui, comme je l'ai dit déjà, concorde avec mes nombreuses observations.

M. Groenland n'a pas, comme moi, soumis ses *Ægilops triticoïdes* à une seconde fécondation artificielle et, néanmoins, il a pu, sur les nombreux épis de ces plantes, recueillir un petit nombre de graines qui ont germé. Cependant, mes expériences m'ont démontré que les *Ægilops triticoïdes* sont constamment stériles, lorsqu'ils sont complétement soustraits à l'influence du blé. Mais cette fécondité, quoique restreinte, observée par M. Groenland s'explique facilement. C'est dans la belle propriété de MM. Vilmorin, à Verrières, qu'il a exécuté ses expériences. C'est là que ces savants et habiles horticulteurs cultivent les différentes races ou espèces de blé qui constituent la précieuse collection de céréales qu'ils ont formée et dont ils ont publié le catalogue méthodique (1). Or, ces cultures, d'après les renseignements que je tiens de J. Gay, n'étaient pas très-éloignées du champ d'expériences que M. Groenland avait consacré à ses *Ægilops* hybrides. Or, les observations d'Esprit Fabre, comme je crois l'avoir démontré, et les expériences que j'ai faites au Jardin des Plantes de Nancy, nous on fait connaître que le pollen du blé est facilement transporté assez loin par les agitations de l'air et féconde ainsi à distance l'*Ægilops ovata* et plus facilement encore

(1) *Essai d'un catalogue méthodique et synonymique des froments qui composent la collection de L. Vilmorin*, Paris, gr. in-8°, 1850.

l'*Ægilops triticoïdes* dont les étamines sont stériles.

Je trouve, du reste, dans les expériences de M. Groenland la preuve de cette influence à distance du pollen du blé sur ses *Ægilops triticoïdes*. Celui de ces hybrides qui porte le n° 259, obtenu en 1857 par le pollen de l'Epeautre barbu, a donné en 1858 un *Ægilops speltæformis* sans barbes. De plus, ses *Ægilops triticoïdes*, indiqués sous le n° 318, et provenant de la fécondation de l'*Ægilops ovata* par le Poulard blanc lisse qui est barbu, ont donné naissance, en 1858, à des *Ægilops speltæformis* les uns à épis mutiques, les autres à épis barbus. La seconde fécondation a donc eu lieu, mais livrée au hasard et ne s'étant produite qu'accidentellement, ces résultats étaient inévitables.

C'est ce que confirment, du reste, les expériences que je fais depuis dix-sept années. Elles m'ont appris que l'*Ægilops triticoïdes* refécondé par le même blé qui l'a produit, donne des *Ægilops speltæformis* dont l'épi rappelle bien plus encore son ascendant, la forme de blé qui est intervenue dans ce double croisement. Mais lorsqu'on féconde de nouveau artificiellement par exemple l'*Ægilops triticoïdes* à épi vert et barbu comme son père, par un blé à épi glauque et imberbe, ce sont les caractères du dernier parent qui dominent dans le second produit, c'est-à-dire dans l'*Ægilops speltæformis*. Non-seulement j'ai reproduit plusieurs fois ces expériences par la fécondation artificielle et j'ai toujours observé les mêmes résultats; mais, il est facile de les obtenir, comme j'y suis parvenu, par la fécondation spontanée, en plaçant l'*Ægilops triticoïdes* dont le père est connu, tout près d'un autre blé qui se différencie par des caractères bien tranchés de celui qui est intervenu dans la première fécondation. Je me crois donc en droit de conclure que, si M. Groenland a pu obtenir des graines fertiles de ses *Ægilops triticoïdes* obtenus par fécondation artificielle, c'est qu'ils ont été de nouveau fécondés spontanément et à distance.

Ainsi donc M. Groenland a obtenu d'une graine recueillie à Agde sur l'*Ægilops triticoïdes* spontané, l'*Ægilops speltæformis* qui est devenu éminemment fertile, et, d'une autre part, ses expériences de fécondation artificielle ont produit des *Ægilops speltæformis* divers, stériles ou à peine fertiles et dont les graines assez rares ont fourni, en dernier ressort, un retour au blé, si l'on peut considérer comme un retour à cette céréale, une plante qui lui ressemble beaucoup, il est vrai, par les organes de la végétation, par son épi ni articulé à sa base, ni caduc, enfin par ses enveloppes florales, mais qui en diffère essentiellement par sa stérilité. Ce fait est unique dans l'histoire des hybrides, puisque tous ceux, qui sont revenus au type de l'un de leurs premiers parents, se sont montrés aussi fertiles qu'eux, et c'est là une vérité acquise parfaitement établie aujourd'hui. Ce résultat n'est pas plus étonnant que

celui présenté par l'autre *Ægilops speltæformis*
indéfiniment fertile. Ces deux phénomènes excep-
tionnels et jusqu'ici uniques dans la science font des
Ægilops hybrides des plantes qui mériteraient lé-
gitimement le nom de *paradoxales*.

M. Groenland émet, relativement aux résultats de
ses expériences de fécondation artificielle, les considérations suivantes : « Il semblerait résulter de mes
« observations que les hybrides naturels ont plus de
« fixité que les hybrides artificiels, et il serait à dé-
« sirer que des séries d'expériences portant sur ces
« hybrides naturels vinssent contrôler les résultats
« qu'on a obtenus en observant uniquement les hy-
« brides artificiels. C'est seulement de cette manière,
« en épiant en quelque sorte la nature, que nos
« connaissances des plantes hybrides pourront ga-
« gner une base solide et mener à des résultats dé-
« finitifs et indiscutables » (1).

Nous pouvons aujourd'hui répondre au vœu ex-
primé par M. Groenland. Nous avons déjà fait connaître celles de nos expériences de fécondation
artificielle par le blé d'Agde, qui nous ont conduit
à reproduire l'*Ægilops speltæformis* d'Esprit Fabre ;
nous avons aussi indiqué les résultats d'autres expériences de fécondation spontanée ou artificielle par
des formes de blés différentes et qui nous ont donné

_____

(1) Groenland, *Bulletin de la Société botanique de France*,
t. VIII, 1861, p. 614.

des *Ægilops triticoïdes* variés. Mais plus de détails relativement à cette dernière partie de nos expériences et surtout à l'influence d'une seconde fécondation sur ces derniers produits hybrides, nous semblent nécessaires.

Mais, pour procéder avec méthode, nous parlerons successivement des hybrides que nous avons produits : 1° par le procédé de la double fécondation artificielle au moyen du pollen de diverses races ou espèces de blés, autres que le blé d'Agde ; 2° en fécondant une fois artificiellement et en abandonnant une fois l'imprégnation à la fécondation spontanée ; 3° en employant la double fécondation spontanée.

I. — Non content d'avoir reproduit l'*Ægilops speltæformis* fertile et identique à celui d'Esprit Fabre, je voulus savoir si en employant les mêmes procédés je ne parviendrais pas à obtenir d'autres formes d'*Ægilops speltæformis* également fertiles, mais différant par leurs caractères de celui qui a pour origine paternelle le blé d'Agde. Sachant déjà que les *Ægilops triticoïdes* portent toujours le cachet de la forme de blé dont ils sont issus, je fus conduit à tenter l'emploi de la double fécondation artificielle par le pollen d'autres blés barbus, mais surtout par des blés dépourvus de barbes, par des blés à épis glabres ou très-velus, par des blés à épis verts ou très-glauques.

Expér. 1. — En 1856, j'ai fécondé deux épis

d'*Ægilops ovata*, après castration, par le pollen du Poulard lisse barbu ; les graines recueillies, semées à l'automne, m'ont donné, en 1857, un pied seulement d'*Ægilops triticoïdes* à épi lisse et barbu. J'ai refécondé cet hybride par le pollen de son père et, en 1858, des trois graines résultant de ce nouveau croisement, j'ai obtenu trois pieds d'*Ægilops speltæformis* (1) se rapprochant davantage du type paternel, mais à épis caducs et absolument stériles. Ces pieds, comme je le faisais alors, avaient été isolés de façon à ne pas recevoir une nouvelle influence du blé.

Cette expérience n'a pas, comme on voit, justifié mes espérances; j'ai dû, dans les années suivantes, la répéter en employant successivement comme fécondateurs le blé du Cap imberbe, le blé de Noë, le blé velu imberbe, le blé velu et barbu dit blé égyptien. Les hybrides de seconde fécondation, obtenus par le pollen de ces blés divers, se sont tous aussi montrés stériles, dans les mêmes conditions d'isolement. J'ai été ainsi conduit à employer une troisième fécondation; c'est ce que j'ai fait dans l'expérience suivante.

Expér. 2. — En 1865, trois épis d'*Ægilops*

----

(1) Bien que le nom d'*Ægilops speltæformis* ait été donné spécialement à la plante d'Esprit Fabre, je l'emploie d'une manière générale pour tous les hybrides d'*Ægilops* de la seconde fécondation : j'en ai prévenu plus haut.

ovata ont été privés de leur épillet supérieur ordinairement demi-avorté, mais pourvu d'étamines; j'ai enlevé également la fleur supérieure des deux épillets conservés et les étamines qu'elle renfermait, précautions que j'ai toujours prises depuis et qui assurent beaucoup mieux la réussite. J'ai déposé dans chaque fleur émasculée du pollen d'un blé à épi très-velu et imberbe. J'en obtins, en 1866, 17 chaumes d'*Ægilops triticoïdes* à épis très-velus et mutiques. De dix fleurs de cet hybride fécondé de nouveau par le pollen du même blé, j'obtins quatre graines un peu déformées qui, en 1867, me donnèrent des *Ægilops speltæformis* à épis plus gros, plus longs, très-velus et sans barbes. J'en ai fécondé artificiellement quelques fleurs, mais par un temps pluvieux : je n'ai obtenu qu'une seule graine. Celle-ci semée à l'automne a germé, mais le pied a péri pendant l'hiver. Les expériénces suivantes viendront du reste compléter et corroborer ces premiers faits.

II. — Je citerai quatre expériences de cette catégorie.

Expér. 3. — En 1861, un pied d'*Ægilops triticoïdes* se développa, pour la première fois spontanément dans mon petit champ d'*Ægilops ovata* (1);

(1) Godron, *Nouveaux faits relatifs à l'histoire des Ægilops hybrides*, dans les *Mémoires de l'Académie de Stanislas*, pour l'année 1861, p. 21.

ses épis étaient verts, barbus et rappelaient par leur aspect le blé dit Pétanielle blanche barbue qui, à l'automne de 1859, avait été semé en lignes alternatives avec l'*Ægilops ovata*. N'ayant pas, en 1861, le même blé au Jardin des Plantes, je me suis décidé à reféconder cet hybride artificiellement par le pollen du blé de Noë et, de deux graines fécondes que je recueillis, j'obtins en 1862 des *Ægilops speltæformis* plus grands, très-glauques, à épis mutiques et caducs, ayant l'aspect du blé qui était intervenu dans la seconde génération. Cet hybride quarteron s'est développé, en 1862, dans le voisinage immédiat du blé de Noë et il me fournit quatre graines qui, à l'automne, furent semées; trois d'entre elles germèrent, mais les pieds furent atteints de la rouille, restèrent grêles, et néanmoins me présentèrent, en 1863, onze épis un peu lâches, grêles, très-glauques, mutiques, non articulés à la base et persistant par le chaume, ressemblant au blé de Noë. Cet hybride de troisième fécondation fut complétement stérile.

Expér. 4. — En 1864, j'ai fécondé artificiellement plusieurs épis d'*Ægilops ovata* par le pollen du blé du Cap imberbe et j'obtins de cette opération, en 1865, deux pieds d'*Ægilops triticoïdes* glauques et à épis presque mutiques. Ceux-ci furent refécondés artificiellement par le même blé et les graines produites, plantées à l'automne, furent entourées de deux côtés par un semis de blé du Cap imberbe. En 1866, trois pieds d'*Ægilops speltæformis* très-rameux de la base en furent le résultat ; les épis étaient caducs, glauques, plus longs et plus fournis que dans la génération précédente ; la fécondation spontanée a eu lieu, puisque j'ai rencontré sur ces épis plusieurs graines dont deux ont germé à l'automne au milieu d'un jeune semis de blé du Cap imberbe, et j'ai obtenu, en 1867, deux pieds rameux à la base d'une nouvelle forme hybride qui, par son épi persistant au sommet du chaume, par sa taille, par sa couleur, la forme de l'épi et des enveloppes florales, ressemble au blé du Cap imberbe. On pourrait considérer cet hybride de troisième génération comme un retour à ce blé, s'il s'était montré aussi fertile ; mais, il ne m'a fourni que trois graines. Les graines recueillies furent semées, à l'automne, dans le voisinage de plusieurs formes de blé parmi lesquelles se trouvaient le blé du Cap imberbe, le blé à épis très-velus et mutiques, le blé de Noë, etc. En 1868, elles reproduisirent la même forme que l'année précédente. Je n'ai rencontré qu'une seule graine, elle a germé et, en 1869, cette plante unique, soumise aux mêmes influences que la génération qui la précédait, n'a fleuri que tardivement, lorsque tous les blés étaient défleuris ; mais elle m'a offert tous les caractères du blé à épi très-velu et imberbe, si on en excepte qu'elle a été complétement stérile. Elle constituait la cinquième génération hybride.

Expér. 5. — En 1865, j'ai fécondé artificiellement une douzaine de fleurs d'*Ægilops ovata* par le pollen du blé du Cap imberbe et j'ai obtenu, en 1866, des épis ainsi fécondés des pieds d'*Ægilops triticoïdes* à épis glauques et munis d'arêtes rudimentaires. Environnés préalablement par le même blé et abandonnés à la fécondation naturelle, ces hybrides ont produit plusieurs graines fertiles, et qui ont germé près d'un nouveau semis du même blé qui était intervenu dans les deux générations précédentes. En 1867, j'ai vu naître de ces graines des hybrides de seconde fécondation, plus grands, plus rapprochés du type mâle, mais à épis se détachant à la base et à barbes rudimentaires. En 1868, les quelques graines recueillies qui avaient été semées à l'automne précédent à proximité de plusieurs formes différentes de blé et occupant d'assez grands espaces, donnèrent naissance à des plantes aussi hautes que le blé du Cap imberbe et rappelant la plupart de ses caractères et notamment l'épi persistant au sommet du chaume. J'en obtins quatre graines ; mais la fécondation ayant été, comme je l'ai dit, soumise à l'influence de plusieurs blés, je n'étais plus certain d'obtenir d'elles le retour imparfait au blé du Cap imberbe ; plusieurs pieds venus de ces graines ont péri en hiver, un seul a continué les diverses phases de sa végétation en 1869 ; mais son feuillage et son épi, les caractères de ses enveloppes florales, étaient ceux du blé de Noë, l'une des formes de blés qui avaient fleuri dans son voisinage l'année précédente. Je n'en ai obtenu aucune graine, ce qui mit fin à cette expérience.

Expér. 6. — En 1866, il s'est développé spontanément, dans mon champ permanent d'*Ægilops ovata*, deux pieds d'*Ægilops triticoïdes* très-glauque, à épis mutiques, ressemblant déjà beaucoup au blé de Noë, à l'influence duquel les *Ægilops ovata* avaient été soumis en 1865. Pour assurer la fécondation de cet hybride, j'y ai procédé artificiellement au moyen du pollen du même blé. Cette opération m'a fourni trois graines qui ont été semées à l'automne et entourées d'un semis de blé de Noë, ce que j'ai fait aussi pour la descendance de cet hybride dans les années suivantes. Deux graines ont levé et, en 1867, j'ai obtenu deux pieds d'*Ægilops speltæformis* de taille plus élevée, robustes, très-glauques, à épis caducs. Les graines recueillies sur ses épis donnèrent naissance, en 1868, à quatre pieds qui fournirent de leur base des chaumes nombreux, presque aussi élevés que ceux du blé de Noë, très-glauques, à feuilles remarquablement larges, à épis mutiques et persistant solidement au sommet des chaumes, véritable retour au type paternel, si la fécondité n'avait pas été aussi restreinte. J'ai pu toutefois y recueillir onze graines, parmi lesquelles neuf ont germé. Ces hybrides de retour imparfait avaient été à l'automne précédent entourés d'un semis bien plus étendu que de coutume de blé de Noë. En 1869, le temps fut très-favorable à la végétation de ces plantes et à leur fécondation. La forme des produits resta la même qu'en 1868 ; les pieds fournirent successivement des chaumes nombreux et ceux des épis qui avaient été en fleurs en même temps que le blé, présentèrent une fécondité relative exceptionnelle ; les retardataires furent, au contraire, stériles. J'obtins en tout un total de cinquante-six graines ; mais je dois noter que certains épis furent plus favorisés que les autres. De l'un d'eux j'ai pu extraire seize graines, d'un second douze, d'un troisième onze, d'un quatrième quatre. Plusieurs fois, deux grains ont été rencontrés dans le même épillet, ce que je n'avais pas jusqu'ici observé. Les causes que j'ai indiquées expliquent cette fécondité jusqu'ici inusitée. Ces nombreuses graines ont été semées dans mon jardin particulier et me donneront une cinquième génération en 1870.

III. — Les expériences de la troisième catégorie sont les suivantes.

Expér. 7. — En 1864, des *Ægilops ovata* furent exposés au pollen du blé dit Pétanielle blanche et plantés à l'automne au milieu d'un semis du même blé, entourage qui fut aussi donné aux produits pendant les années suivantes. En 1865, j'obtins des *Ægilops triticoïdes* à épis verts et barbus, caractères appartenant au type paternel. J'y ai trouvé quelques graines qui, en 1866, ont donné naissance à des *Ægilops speltæformis*, plus semblables encore à leur père, mais à épis-caducs. La troisième génération, en 1867, s'en rapproche encore d'avantage ; les épis restent adhérents au sommet des chaumes et je n'y rencontre que deux graines. Semées à l'automne, elles germèrent très-bien, mais par un temps humide les jeunes plants furent dévorés par les limaces.

Expér. 8. — En 1864 également, des *Ægilops ovata* furent entourés par un semis de blé de Noë ét les produits hybrides spontanés eurent chaque année le même voisinage et donnèrent naissance, en 1866, à l'*Ægilops speltæformis*, puis, l'année suivante, à la forme de retour à ce blé. Les deux graines obtenues de ce dernier produit ne germèrent pas et l'expérience s'arrêta là forcément.

Expér. 9. — En 1866, à l'automne, autour de mon champ d'*Ægilops ovata* du Jardin des Plantes, et j'en fis autant dans mon jardin particulier, j'ai semé, dans de bonnes conditions, une surface de six mètres carrés de blé d'automne à épis verts et mutiques, cultivé généralement en Lorraine. J'obtins, en 1868 : 1° dans mon enclos du Jardin des Plantes, vingt et un pieds d'*Ægilops triticoïdes*, qui produisirent 157 épis verts et imberbes. Je n'y ai trouvé aucune graine ; le blé de Lorraine semé de nouveau à l'automne de 1867 avait été, pendant mon absence, complétement mangé par

les paons de la Société d'acclimatation qu'on avait
lâchés dans le jardin ; 2° dans mon jardin particulier, je n'eus pas le même accident et j'obtins huit pieds rameux à la base d'*Ægilops triticoïdes* qui me fournirent seize graines. Celles-ci,
semées à l'automne de 1868, près d'un semis abondant de blé de Lorraine et non loin d'autres blés,
ne germèrent pas toutes et plusieurs jeunes pieds
périrent en hiver. Trois seulement accomplirent
toutes les phases de leur végétation et présentèrent,
en 1869, vingt-trois chaumes et vingt-trois épis
d'*Ægilops speltæformis*. Les dix épis les plus pré-
coces fleurirent en même temps que le blé et me
donnèrent cinquante-neuf graines. Les autres épis
provenant des chaumes latéraux fleurirent trop
tard et furent stériles. Comme on le voit, l'abondance du blé semé près des *Ægilops* hybrides favorise la fécondation et produit plus de graines fertiles.

Je dois prévenir que, dans mes nombreuses expériences, je n'ai pas toujours réussi à obtenir la double fécondation artificielle ou spontanée ; que, dans
les cas même où je l'ai pratiquée avec succès, les
graines obtenues n'ont pas toujours germé ou que
des accidents sont venus plusieurs fois interrompre
le cours de l'expérience par la destruction des jeunes
pieds. C'est ce qui explique le temps assez long qu'il
m'a fallu pour arriver au but que je m'étais proposé.

Il résulte d'abord de toutes les expériences aux-

quelles nous avons consacré dix-sept années, que
la fécondation naturelle n'a pas plus d'action que
la fécondation artificielle pour produire des *Ægilops* hybrides de première et de seconde génération.
M. Groenland (1), comme nous l'avons vu, soupçonne,
quoique avec réserve, que cette différence dans le
mode de transport du pollen pourrait bien avoir
quelque influence sur la fertilité des produits et sur
la fixité des formes hybrides obtenues, opinion que,
du reste, aucune analogie ne vient étayer. Que le
pollen du blé soit versé dans la fleur des *Ægilops*
par la main de l'homme ou par le vent, on ne comprend pas que l'action physiologique de cet agent
essentiel de la fécondation puisse en être modifiée.
Elle ne l'est pas lorsque les insectes se chargent
d'opérer eux-mêmes, sur d'autres végétaux que les
Ægilops, la fécondation entre individus d'une même
espèce ou d'espèces voisines. Les hybrides spontanés déjà connus, que j'ai reproduits par la fécondation artificielle (*Digitalis purpureo-lutea et luteo-
ambigua, Linaria striato-vulgaris, Verbascum Thap-
siformi-Lychnitis, Thapsiformi-nigrum et Lychnitidi-
Blattaria, Primula officinali-grandiflora*, etc.), ont
eu, dans les deux cas, les mêmes caractères et se
sont conduits d'une manière identique sous le rapport de la fertilité ou de la stérilité.

(1) Groenland, *Bulletin de la Société botanique de France*,
t. VIII, 1861, p. 614.

On peut déduire également de mes expériences
de double fécondation artificielle faites au moyen du
blé d'Agde, qu'elles confirment celles d'Esprit Fabre ;
que celles de M. Groenland faites sur la graine recueillie à Agde dans un épi d'*Ægilops triticoïdes*
spontané, confirment à la fois les résultats obtenus
par Esprit Fabre et par moi, sans que la fécondation
naturelle ou artificielle ait le moins du monde
modifié les produits hybrides ;

Que l'*Ægilops speltæformis* indéfiniment fertile,
sans modifier sensiblement ses caractères, n'a été
jusqu'ici obtenu, dans les trois séries d'expériences
faites à Agde, à Nancy, et à Verrières, que par l'emploi, comme agent fécondateur, du pollen du blé
d'Agde, par une double fécondation naturelle ou
artificielle ;

Que les expériences de M. Groenland et les
miennes faites au moyen du pollen fourni par des
espèces ou races de blé autres que le blé d'Agde,
ont donné des résultats différents des précédents,
mais analogues entre eux, savoir le retour des
produits au type paternel à la troisième génération,
si toutefois on peut appeler retour à ce type, une
plante stérile ou très-peu féconde qui, jusqu'ici
et malgré de nouvelles fécondations, n'a pu être
conservée que jusqu'à la cinquième génération et
s'est éteinte le plus souvent beaucoup plus tôt ;

Que le blé d'Agde doit être spécifiquement distinct des autres blés que nous avons employés,

M. Groenland et moi, pour procréer d'autres séries
d'*Ægilops* hybrides, puisqu'ils ont donné des résultats aussi différents de ceux du blé d'Agde (1) ;

(1) Il ne faut pas s'étonner de cette conclusion. Parmi les
hybrides, il en est qui sont stériles, bien que les espèces géné-
ratrices soient très-voisines l'une de l'autre ; néanmoins des espèces du même genre que celles-ci, mais séparés par des caractères
saillants, donnent par leur croisement des hybrides très-fertiles.
Je puis en citer un exemple concluant qui résulte de mes expériences. J'ai fécondé, en 1863, le *Mimulus luteus L.* par une
espèce très-voisine, le *Mimulus Smithii Bot. reg.*, comme
je l'ai relaté dans mes *Nouvelles expériences sur l'hybridité
dans le règne végétal* (*Mémoires de l'Académie de Stanislas,*
pour 1865, pp. 350-352) et j'ai obtenu un hybride non-
seulement infécond par lui-même, mais ne se laissant pas féconder-
der par le pollen des parents, comme je m'en suis assuré en
1864 et en 1865. M. Naudin, auquel j'en avais adressé un
pied, n'a pas été plus heureux que moi dans de semblables tentatives. Mais, en 1866 j'ai fécondé le *Mimulus speciosus* à
petites fleurs par le *Mimulus cupreus*, plantes très-distinctes
l'une de l'autre, et j'ai obtenu, en 1867, un grand nombre de
pieds qui m'ont présenté des fleurs magnifiques et parfaitement
uniformes, comme cela a lieu dans les hybrides d'espèces à la
première génération, à calice de couleur cuivrée mais moins
intense que dans le père, à corolle un peu plus grande que
celle du type mâle, à fond jaune avec trois taches de couleur
marron oblongues et parallèles sur le lobe médian de cette
enveloppe florale et une fine ponctuation de la même teinte
sur les autres parties de cet organe. Cet hybride a été très-
fertile et, en 1868, j'ai obtenu quelques pieds faisant retour
au *Mimulus speciosus* et d'autres au *Mimulus cupreus ;*

Que l'*Ægilops speltæformis* d'Agde, de Nancy et de Verrières indéfiniment fertile ne présente pas les caractères d'une espèce, puisqu'il manque d'un des attributs les plus essentiels d'un type spécifique, celui de se propager sans le secours de l'homme et qu'il périt nécessairement dès la première génération, s'il est abandonné à lui-même ;

Que les deux modes de terminaison des *Ægilops speltæformis*, uniques du reste jusqu'ici l'un et l'autre dans l'histoire des hybrides végétaux, ne prouvent rien contre la doctrine de la permanence des espèces.

mais le plus grand {nombre m'ont montré des corolles plus ou moins grandes et diversement bariolées et ponctuées de jaune et de marron. En 1869, leurs graines m'ont donné de nouveaux retours aux parents, mais le semis a péri par la chaleur tropicale et prolongée de l'été, mon état de maladie ne m'ayant pas permis de leur donner tous les soins désirables. Tous mes autres hybrides de *Mimulus* que jusque-là j'étais parvenu à conserver en les couvrant de feuilles pendant l'hiver, ont succombé par l'effet de la même cause.

PRINCIPAUX OUVRAGES DE L'AUTEUR.

De l'espèce et des races dans les êtres organisés et spécialement de l'unité de l'espèce humaine; 1859, 2 vol. in-8°.

Flore de France, par Grenier et Godron; 1847-1856; 6 vol. in-8° en trois tomes.

Flore de Lorraine; seconde édition, 1857; 2 vol. in-12.

Florula Juvenalis; ou énumération des plantes étrangères qui croissent naturellement au port Juvénal près de Montpellier, 1854, in-8°, de 115 pages.

Géographie botanique de la Lorraine; 1862, 1 vol. in-12.

Zoologie de la Lorraine; 1863, 1 vol. in-12.

Recherches expérimentales sur l'hybridité dans le règne végétal; 1865, in-8°.

De la végétation du Kaisersthul dans ses rapports avec celle des coteaux jurassiques de la Lorraine; 1864, in-8°.

Étude ethnologique sur les origines des populations lorraines; 1862, in-8°.

Mémoire sur les Fumariées à fleurs irrégulières, et sur la cause de leur irrégularité; 1864, in-8°, avec planche.

Mémoire sur l'inflorescence et les fleurs des Crucifères; 1865, in-8°, avec planche.

Mémoire sur la pélorie des Delphinium; 1865, in-8°.

Observations sur les bourgeons et sur l'inflorescence des Papilionacées; 1865, in-8°.

Recherches sur les animaux sauvages qui habitaient autrefois la chaîne des Vosges; 1866, in-8°.

Nouvelles expériences sur l'hybridité dans le règne végétal, faites pendant les années 1863, 1864 et 1865; 1866, in-8°.

De la signification morphologique des différents axes de végétation de la vigne; 1867, in-8°.

L'Atlantide et le Sahara, — Fragment détaché d'un cours fait à la Faculté des Sciences de Nancy, en 1867; in-8°.

Une pélorie reproduite de graines; in-8°, 1868.

Observations sur quelques axes végétaux constamment définis par la mortification du bourgeon terminal ou des mérithalles supérieurs; in-8°, 1868.

Les perles de la Vologne et le Château-sur-Perle, in-8°, 1869.